À Francesca, qui voit le monde
briller à travers les cailloux.
Et à ma grande Mimosa, aussi.
B. A.

Merci à Tiberio, qui a inspiré ce livre
et à Veronica, Manu, Béatrice, Pata,
John B., Claudia et Sandro.
B. A.

trapèze

Maquette de Laurence Moinot ◆ Lettrage de couverture de William
 ■ 22, rue Huyghens, 75014 Paris
albinmicheljeunesse.blogspot.fr
Loi 49956 du 16 juillet 1949 sur les publications destinées à la jeunesse
Dépôt légal : second semestre 2016
N° d'édition : 22378 ■ ISBN-13 : 978 2 226 32937 0
Imprimé en Chine par Toppan

Beatrice Alemagna

UN GRAND JOUR DE RIEN

Nous y étions.
Pour la deuxième fois.
Ma mère et moi dans la même
maison de vacances.
La même forêt. Et la même pluie.

Chaque jour, ma mère
écrivait en silence, et moi,
je tuais des Martiens.
Plus exactement, je pressais
un bouton pendant des heures,
en pensant à mon père, à tout
ce qu'il m'aurait montré dehors,
avec son sourire émerveillé.

Encore une fois, ma mère grogna : « Arrête avec ce jeu !
Tu vas de nouveau passer ta journée à ne rien faire ? ».
Oui, voilà. Je ne voulais rien faire.
Rien, sauf tuer mes Martiens.

Encore une fois,
elle m’arracha le jeu des mains.

Encore une fois,
je le repris en cachette.
Après quoi, je sortis.

En ouvrant la porte, je sentis que tout l'ennui du monde s'était donné rendez-vous dans ce jardin. Sous la pluie. Je serrai fort ma console.

Pieds dans la boue, lunettes trempées.
Je mis le jeu dans ma poche pour
qu'il ne se mouille pas.
La pluie ruisselait dans mon cou.

Je descendis la colline.

Au fond du chemin, j'aperçus un étang pavé
de rochers, ronds comme les têtes de mes Martiens.
Je voulus les écraser en sautant dessus.
Et soudain...
... mon jeu tomba dans l'eau.

Non, non et non ! La pire tragédie du monde !
Quel idiot !!! Tout de suite, je tentai de repêcher
la console en plongeant ma main dans l'eau glacée.
Cela me coupa le souffle.

Et maintenant, qu’allais-je faire sans mon jeu ?
Les gouttes cognaient comme des pierres sur mon dos.
J’étais un arbre perdu dans la tempête.

À ce moment-là, ils apparurent dans l'orage.
Quatre escargots géants sous la pluie.
« Est-ce qu'il y a quelque chose à voir, par ici ? »
leur demandai-je, abattu.
« Oh, oui », me dirent-ils.
J'osai toucher leurs antennes : molles comme
de la gélatine.

Du coup, j'empruntai un sentier.
Là, des dizaines de champignons
me rappelèrent une odeur :
celle de la cave de papy, où, petit,
je cachais les choses précieuses.
J'avais oublié…

Ensuite la terre se mit à briller, illuminée de trésors. J'enfonçai les doigts dedans. Et là, graines et granules, noyaux, grumeaux, racines et baies fourmillaient sous mes mains. Un monde souterrain plein de microchoses inconnues… Je pouvais le toucher !

Puis quelque chose m'aveugla. C'étaient
les rayons de soleil qui tombaient maintenant
à pic, comme dans une passoire géante.
Je crus entendre des tambours au loin,
mais c'était juste mon cœur !

Je me mis à courir très vite.
Tellement vite que je tombai.

Et là, une fois en bas, le monde était à l'envers.
On aurait dit que tout avait été refait à neuf.
Chaque chose me semblait inconnue.

Alors, je décidai de grimper sur
un arbre et de regarder au loin,

de renifler l'air en gonflant
mes poumons,

de boire la pluie
comme un animal,

d'observer des insectes bizarres,

de parler à un oiseau,

de sauter dans une flaque
en éclaboussant partout,

de ramasser des cailloux lisses et transparents,
et d'y voir à travers le monde qui brillait.

Pourquoi n'avais-je jamais
fait ça auparavant ?

Trempé jusqu'aux os, j'entrai dans la maison, me déshabillai en vitesse et courus me regarder dans la glace.

Ohhhhh… j'y vis mon père, et son sourire émerveillé.

Ma mère écrivait toujours.
Pour la première fois, on écoutait le même silence.

«Bouh! Tu es sale comme
un petit cochon!
Viens te sécher!»
Elle prit une serviette
et m'emmena à la cuisine.

Alors, j'eus envie de la serrer fort, de lui raconter
tout ce que j'avais vu, senti, goûté, appris dehors.

Mais on ne fit que se regarder.
Se regarder et respirer l'odeur
de notre chocolat chaud.
Rien que ça.

En ce magique, incroyable,
jour de rien.

Fin